Weitere Bücher in der Sufismus-Reihe :

Sufismus

Sufismus und Frieden

Sufismus und Weisheit

Sufismus und Erkenntnis

Sufismus
und
Islam

Molana Salaheddin Ali Nader Shah Angha

"Pir Oveyssi"

Universität Sorbonne
3. April 1995

M.T.O SHAHMAGHSOUDI ® VERÖFFENTLICHUNGEN

M.T.O. Shahmaghsoudi ® Veröffentlichungen

Angha, Salaheddin Ali Nader Shah

Sufismus und Islam

ISBN: 3-932689-04-6

Veröffentlicht und Herausgegeben von M.T.O. Shahmaghsoudi®
Wilhelm-Ruppert-Str. 38
51147 Köln
B.R.D.

website: http://mto.shahmaghsoudi.org
e-mail: anghakoln@aol.com

Wo auch immer der männliche grammatische Genus verwendet wird, so nur aus sprachlicher Vereinfachung. Da die Religion beabsichtigt die spirituelle Entwicklung jedes Einzelnen zu fördern, glauben wir, daß sich Religion direkt an die Seele wendet und sich die Seele nicht durch sprachliche Klassifizierungen erklären läßt

Hoffnung ist ein Same, gepflanzt auf fruchtbaren Boden,
trägt er Frucht,
Im Lande meines Herzens wächst die Pflanze der
Verzweiflung nie

Was existiert kann nicht anders sein als es ist
und die absolute Erkenntnis für den Menschen bedeutet,
das Erblicken der absoluten Wahrheit auf der Reise
vom „Selbst“ zum „Ich“

Molana Salaheddin Ali Nader Shah Angha

Inhaltsverzeichnis

Vorwort

Vor einigen Jahren begann Hazrat Pir einen seiner Vorträge, indem er an seine Zuhörer folgende Frage richtete: „Wenn es auf der Welt nur Einen gäbe und dieser Eine wärest Du, wie würdest Du heißen? Wer würdest Du sein? Würdest Du hassen? Würdest Du lieben?" Nach einem kurzen Augenblick fragte er ruhig: „Wenn es jemanden gäbe, und dieser Jemand besäße das gesamte Wissen des Universums und könnte all Deine Bedürfnisse und Wünsche erfüllen, was würdest Du tun?" Dann sagte er: „Sufismus handelt von diesem Jemand".

Hazrat Pir's Lehrmethode wird eindeutig als provokant, von seinen Schülern hingegen als anspruchsvoll und herausfordernd, erachtet. Einige sagen, seine Methoden erinnern an die, die auch Sokrates bei seinen Schülern anwandte. Diejenigen, die ihn interviewt haben gestanden gewöhnlich ein, daß sie durch seine Fragen völlig entwaffnet wurden und eine intensive Lernerfahrung machten. Seiner Berufung folgend, wird Hazrat Pir niemals aufhören zu lehren. Sein vorrangiges Ziel ist es, den Menschen einen Weg zu zeigen, auf dem sie den wahrhaftigen Zustand menschlicher Würde, Frieden und innere Ruhe erlangen können. Seine Definition des menschlichen Seins, geht über die Grenzen sozialer, kultureller und psychologischer Definitionen weit hinaus.

Hochentwickelte Kommunikationssysteme haben die Menschen weltweit miteinander verbunden und die „absoluten Werte", die Gesellschaften, Gemeinschaften und Länder definiert und für sich selbst geheiligt haben, zerstört. Dies ist das Zeitalter der Relativität. Da der Mensch der Mannigfaltigkeit ausgesetzt wird, ist seine Sichtweise ausgedehnter, was letztendlich zunehmend auch Unsicherheit und Instabilität in sein tägliches Leben bringt. Wenn Normen aufgehoben werden und Werte sich verlagern, wo können wir die endgültige Definition unseres „Selbst" finden? Hazrat Pir sagt: „Jede Person ist ein komplexes und einzigartiges

Meisterstück." Die meisten Menschen, wenn auch nicht alle, hätten gerne, daß diese Aussage wahr wäre. Doch was hält uns davon ab, dies zu erfahren? Was muß geschehen, damit wir die Wichtigkeit dieser Aussage auch verstehen? Wenn wir unserer Vorstellungskraft nicht erlauben würden, diese Aussage schnell zu definieren, zu verpacken und zu den Akten zu legen, könnten wir aufbrechen zu einer wirkungsvollen Reise der Selbsterkenntnis, die das gesamte Gefüge von Gesellschaften, menschlichen Beziehungen, rechtlichen und sozialen Systemen verändern würde. Dies bedeutet, daß man sich durch ein multidimensionales Muster sozialer Gegebenheiten hindurch bewegt, die unser Leben strukturieren, unsere Identität, Persönlichkeit, unser Selbstwertgefühl, die Wahrnehmung der anderen und unsere Wertvorstellungen geformt haben. Wie können wir diese Muster beiseite legen? Und wenn wir sie beiseite legen würden, was wäre dann unser Maßstab, mit dem wir unsere Errungenschaften, unser Wissen und unser Verständnis der Dinge messen könnten?

Hazrat Pir sagt:" Du bist der Maßstab für alles!" Man hört ihn oft sagen: "Du hast alles, was du brauchst. Alles was du tun mußt ist, die Grenzen, die du selbst geschaffen hast zu beseitigen, denn dann wird sich dir die Realität offenbaren." Aber wenn man dieses einzigartige „Meisterstück" werden will, wie geht man praktisch vor, um diese Grenzen zu beseitigen?

Erkenne Dich selbst", schrieb einst Platon über die Redlichkeit, denn ein unreflektiertes, ungeprüftes Leben ist nicht lebenswert. Seit der Zeit der alten Griechen, hat die westliche Philosophie Selbsterkenntnis oder inneres Lernen befürwortet. Inneres Lernen oder innere Erkenntnis bilden das Herzstück des Islam. Es ist so wie der Heilige Prophet Mohammad gesagt hat, „ Wer auch immer das wahre Selbst erkennt, der hat auch Gott erkannt."

Beginnen wir am Anfang - erkenne Dich selbst. Das „Ich", das Individuum ist das behütete Konzept, die anerkannte Grundlage auf der die Demokratie aufbaut. Durch die Transformation des „Ich", geht der einzelne einen großen Schritt in die Richtung auch seine Umgebung, die Welt in der das „ich" lebt, zu transformieren. Der Glaube an die Vollkommenheit des Selbst hat die Struktur der westlichen Gesellschaft gestärkt und der Zusammenbruch dieses Glaubens im 20. Jahrhundert hat dem Westen eine Zeit der heftigen Zweifel und des ständigen Zwielichts beschert. Unberührt von politischen, wirtschaftlichen oder sozialen Veränderungen in der heutigen Zeit, repräsentiert Hazrat Pir die starke und klare Stimme, die uns daran erinnern soll, wie notwendig es ist, das wahre stabile „Ich" kennenzulernen. Aus diesem Grund versichert er nochmals, daß das menschliche Sein dazu fähig ist, das Selbst zu beherrschen.

Einer der bedeutendsten Beiträge Hazrat Pir's zum Reservoir des Wissens dieser Welt ist die Idee, daß man aufgrund der Tatsache, daß die Welt ihre Grenzen und Fesseln auf das verletzliche „Ich" projiziert hat, einen Prozeß kreieren muß, mit dessen Hilfe die Beherrschung des Geistes möglich wird. Dies kann erreicht werden, wenn wir diese Fesseln und Grenzen des „Ichs" durch eine innere Erfahrung der Religion, die spirituelle Integration und schließlich die komplette Metamorphose überwinden. Es ist kein Zufall, daß zwei der gesündesten und stärksten Denker der katholischen Kirche - der Heilige Johannes des Kreuzes und die Heilige Teresa von Avila - viel über ihre mystische Reise vom Islam, wie er in die maurischen Traditionen in Spanien eingegangen ist, lernten.

Viel kann aus der Lehrmethode von Hazrat Pir gelernt werden. Idealerweise sollte ein Schüler denken: „Ich will mich nicht nur der Idee sondern dem gesamten Prozeß, meinen eigenen Geist zu beherrschen widmen, und wenn genügend viele das gleiche tun, wird die „Welt" sich entsprechend verändern, denn „die Welt", das sind wir." Ein einfacher Weg, einen komplizierten Prozeß zu beschreiben, aber es ist ein Anfang.

Diese Reihe von Essays, Aufzeichnungen und Vorträgen, die Hazrat Pir gehalten hat, handeln von seinen Lehren, die sich auf Sufismus, Frieden, Traditionen, Weisheit, Wissen, Heilen, Meditation, Liebe, Gebet, Gleichgewicht und

Alchimie beziehen. Der Autor, Hazrat Pir Molana Salaheddin Ali Nader Shah Angha ist der 42. Meister des Maktab Tarighat Oveyssi Shahmaghsoudi (Schule des islamischen Sufismus), einer Schule die ihren Ursprung zurückverfolgt bis zum Aufkommen des Islam im 7. Jahrhundert nach Christus. Hazrat Pir's Vorträge bleiben der Tradition treu, die ihn selbst hervorbrachte und die er nun weiterführt und sie reflektieren jene Merkmale, die er auf der Basis dieser Tradition formte. Hazrat Pir, der in der esoterischen Tradition erzogen wurde und in den USA studierte, ist außergewöhnlich sensibel gegenüber der modernen Welt. Perfekt in den Disziplinen Religion, Wissenschaft, Philosophie, Dichtung und ausgebildet von seinem Vater, Molana Hazrat Shah Maghsoud Sadegh Angha (Professor Angha) einem großen Meister des Sufismus und einem ausgezeichneten Physiker, hat Hazrat Pir von klein auf nicht nur ein wahrnehmendes und vollkommenes Denken sondern auch einen allumfassenden Geist entwickelt.

Unser Wunsch die Welt zu verändern, lehrt er, muß mit der Veränderung des „ich's" in das wahre „Ich", das wahre „Selbst" beginnen. Für jeden Sufi ist hierfür ein Dialog zwischen Herz und Vernunft notwendig. Was man im Westen inneres Lernen oder Selbsterkenntnis nennt, ist für einen Sufi mehr wie ein verherrlichtes „ich", dem die Umwandlung ins „Selbst" fehlt. Zum Beispiel lehrt Hazrat Pir, daß Drogenabhängigkeit, die Geißel der modernen Gesellschaft, nicht eher ausgerottet wird, bis die wohlmeinenden Menschen, die bisher das Problem geschickt umgehen, begreifen lernen, wie man den Geist von dieser Sucht heilt und das stabile „Ich" entdeckt. Um den Geist von seinen Abhängigkeiten zu heilen müssen wir erkennen, daß Gott und nicht das Ego, das Zentrum unseres „Ichs" bildet und nur dann werden wir fähig sein ein Leben in Gesundheit und Ausgeglichenheit zu führen. Eine ernsthafte Prüfung von Hazrat Pir's Beispiel würde dem Zweck dienen, eine Wissenschaft des Geistes zu begrüßen, die die westliche Wissenschaft ergänzen könnte. In diesen Tagen hört man in den Nachrichten viel über den Islam und intelligente Menschen möchten die Wahrheit über eine Kultur erfahren, die zugleich fremd und vertraut erscheint. So vertraut wie diese Zeilen aus dem Heiligen Koran, „Ich bin Dir näher als Deine Halsschlagader". Wahrscheinlich würden die meisten Menschen im Westen diese Worte nie gelesen haben, wenn sie nicht ein Gedicht mit dem gleichen Titel des französischen Schriftstellers James Sacré kennen würden. Jedoch liegt in diesen Worten eine gewisse geistige Vollkommenheit, die ihre Wurzeln in einer tieferen Quelle als der des kreativen „Egos" hat. Als Erbe der griechischen Traditionen, beginnt der Westen gerade erst zu realisieren, warum das Herz des Islam so nahe scheint, es war immer da, Teil seiner Welt, Teil seiner Kultur, Teil seines „Ichs", von Anfang an.

So erscheint es passend, daß Hazrat Pir auf amerikanischem Boden, der Heimat des Geistes der Erforschung und Entdeckung eine Gedenkstätte für seinen Lehrer und Vater, Professor Angha, entworfen und erbaut hat. Dreidimensional steht nun in der Nähe von Novato, Kalifornien, ein wundervolles Denkmal für 1400 Jahre der spirituellen Arbeit und für die Integrität des menschlichen Bewußtseins. Hazrat Pir ermutigt den Suchenden dort in Form von Architektur und hier in Form von Worten sich der eigenen Metamorphose hinzugeben und durch die Integration des „Selbst" ebenso wie das Kunstwerk, durch Vollkommenheit zu der am Ende stehenden Vereinigung mit Gott zu erblühen.

Sufismus und Islam

Im Namen Gottes des Barmherzigen, des Gnädigen

Lob dem Höchst Gnädigen Herrn, der das Universum offenbart hat, und gemäß der Weisheit des Heiligen Qur´an, schuf er dann den Menschen, um »mit ihm« die Erkenntnis zu bewahren und »ihm« jene Weisheit durch »dessen« Glauben und Ergebenheit zu verkünden. Lob dem „Einen", der die Einheit zur Ausdehnung und Entfaltung bringt, um alle Wesen einzubeziehen, und der die Wahrheit in der Mitte aller Ausdrucksformen entfaltet und der dem frühmorgendlichen Ersuchen seiner Anbeter Erleuchtung gewährt.

Im Befolgen des gesegneten Gebotes im Heiligen Qur´an (57:7), „und spendet »reichlich« von dem Vermögen, wovon er Euch zu Erben gemacht hat", ist es meine Absicht, das Wesen der metaphysischen Enthüllungen und der wissenschaftlichen Erforschungen zum Ausdruck zu bringen, wobei ich die einfachsten Erklärungen benutze. Gemäß den Gesetzen der Natur, die jede einzelne Schallwelle zu ihrem darauf wartenden fähigen Empfänger führen, so möge auch die Wahrheit dieser Lehren ihre erwartungsvollen, würdigen Empfänger finden, die über die Hindernisse von Zeit, Raum, Sprache, Vorurteile und Aberglauben hinausgehen. Möge diese Übermittlung die Mauer der Mißdeutung und der Ignoranz, die die physischen und metaphysischen Wissenschaften voneinander getrennt hat, zertrümmern. Möge der wahre Sucher seinen Weg zur höchsten Wahrheit ohne Zwang finden, ohne Gebundenheit an blinden Glauben, Aberglauben, Voreingenommenheit und Vermutungen.

„Erfan", oder Sufismus, enthüllt sich im Laufe der Zeit, in jedem Zeitalter, auf seine besondere Art und Weise. Er ist weder durch Worte noch durch gesellschaftliche Bräuche begrenzt. Er stellt die praktische Annäherung an die „Gnosis" dar, was das Wissen des „Selbst" bedeutet. Die Schule des Islamischen Sufismus zeigt den Weg, das eigene, wahre „Selbst" wiederzuerkennen, indem sie einen daran hindert, sich zu verirren. Sie zeigt, wie die materiellen Bindungen und Zugehörigkeiten die Menschen davon abhalten, die höheren Stufen ihrer Existenz zu erfahren.

In dieser kurzen Darstellung ist es mein Vorhaben, die

wahre Bedeutung von einem oder zwei Themen darzulegen, das heißt, die Realität dieser Themen näher zu erläutern, anstatt sich auf die angenommenen gesellschaftlichen Definitionen zu verlassen.

In unserem Zeitalter, mit dem Aufkommen von weltweiter rasanter Kommunikation scheint es, als ob die metaphysischen Wissenschaften als mystischer und überflüssiger Zeitvertreib angesehen werden.

Die meisten Leute nehmen die Lehren der Propheten auf diese unangemessene Weise wahr. Unterscheiden sich die Ansichten, die vorgestellt werden von den eigenen vorgefaßten Ideologien, so werden sie als fanatisch und reaktionär gedeutet. Falls aber ihr Hauptinteresse der Politik oder der Wirtschaft gilt, neigen sie dazu, die religiösen Glaubensrichtungen als eine Quelle dämonischer Handlungen und des Terrorismus zu interpretieren.

Solche oberflächlichen Interpretationen haben zur Entstehung neuer „Religionen" als ein Mittel zur Unterstützung von politischen und wirtschaftlichen Forderungen einer speziellen Gruppe, oder zur Verdeckung der Ignoranz einer anderen Gruppe geführt. Diese neu entstandenen „Religionen" und deren Bezug auf geschichtliches, poetisches und mystisches Wissen, sind zu Kriterien für die Annahme oder Ablehnung von Gottes Lehren geworden.

Die traditionelle Art der Ansprache hat zum Ziel, eine

Idee mit Hilfe der Terminologie, die zwar vertraut erscheint, aber deren Wahrheit noch nicht enthüllt worden ist, zu verkünden.

Durch den Gebrauch solch einer Terminologie oder durch die Wiederholung der Interpretationen berühmter Philosophen aus der Vergangenheit oder Gegenwart, versucht der Redner unmittelbar seine Ansichten den Zuhörern aufzudrängen oder deren Zustimmung zu gewinnen.

Das erinnert einen an das Beispiel vom Aufsatz eines Kindes, in dem der Schüler das Thema „Frühling" näher beschreibt und dabei seine eigenen unerfüllten Wünsche und Träume benutzt, und die Zitate anderer wiederholt, und sich eine Bild des „Frühlings" malt, welches auf dem, was in seiner Vorstellung vorhanden ist begründet ist. Es ist unnötig zu sagen, daß der Frühling, den die Natur präsentiert, sich bei weitem von dem unterscheidet, den das Kind beschrieben hat.

Um das Wesen eines Themas zu begreifen, ist es nötig, daß man zurückgeht und sich dessen Ursprung zuwendet, und nicht etwa dessen Randnoten, die es umgeben. Jemand der Durst hat, sucht Wasser und kümmert sich nicht um den Behälter. Wenn ein Mensch hungrig ist, bemüht er sich Nahrung zu finden und wird nicht durch die Platte oder Garnierung abgelenkt. Wenn jemand ein Leiden hat, dann sucht er nach Heilung und achtet nicht auf die Stimmung des

Arztes oder auf den Geschmack des Medikamentes. Ebenso, wenn jemand versucht Wissen auf dem Gebiet einer Wissenschaft zu erlangen, sollte er vorrangig das Wesen jenes Wissens und die humanitären Ergebnisse im Sinn haben und nicht etwa den sozialen Status und den finanziellen Gewinn. So sollte die Hingabe eines Menschen sein, der nach der Wahrheit und nach der Realität der Existenz sucht.

Auch er muß zurückgehen und sich seiner eigenen Existenz zuwenden und nicht philosophischen Argumenten, mystischen Geschichten, oberflächlichen Traditionen, sozialen Bräuchen oder sozio-ökonomischen und politischen Werbungen und Bestrebungen Gehör schenken.

Prinzipien, die in der Endlichkeit gelten, sind nicht die
Mittel für die Entdeckung des Unendlichen[1]

Ein kurzer Blick auf den Werdegang der Wissenschaft überall in der Geschichte zeigt, daß es einst eine Zeit gab, als alle Wissenschaften gemeinsam studiert und alle insgesamt „Weisheit" genannt wurden. Der interessierte Student konnte Biologie, Mathematik und die metaphysischen Wissenschaften gleichzeitig studieren. Es gab eine Verallgemeinerung der „Weisheit", so daß jeder Forscher, der nachdem er eine gewisse Menge an Informationen, wenn auch unzureichend, gesammelt hatte, sich ihnen widmen konnte. Da diese

Annäherung keine wirklichen Lösungen hervorbringen konnte, gab es eine allmähliche Veränderung beginnend vor ungefähr 3000 Jahren. Während der Zeit von Demokrit, Sokrates, Plato und schließlich Aristoteles, resultieren die Debatten und der Konflikt der Ideen in der Erweiterung der Wissenschaft von einer abstrakten Form in eine detaillierte. Folglich hat sich in unserer Zeit jede Wissenschaft in spezialisierte Forschungsgebiete verzweigt.

Die Gelehrten und Wissenschaftler der Physik und der von ihr abgeleiteten Fachgebiete versuchen die herrschenden Gesetze der Natur und die versteckten Kapazitäten der Teilchen zu entdecken, um die Lebensumstände der Menschen zu erleichtern und zu verbessern.

Die Biologen studieren die Organismen und durch Entschleiern jeder Membran und jeder Schicht der Manifestationen der Existenz versuchen sie, einen flüchtigen Blick auf die Quelle des Lebens zu erhaschen. Sie haben den genetischen Code vieler Organismen entschlüsselt und sind bestrebt den menschlichen genetischen Code zu lesen. Durch Zugriff auf die genetischen Instruktionen für die Entstehung von Organismen versuchen sie, deren Eigenarten und Merkmale auf eine Weise, die der Menschheit von größtem Nutzen sein wird, umzuprogrammieren und neuzuformen. Sei es für pharmazeutische, medizinische, ernährungsbezogene oder andere Ziele, suchen und finden die Wissenschaftler neue

Wege, um das, was die Natur bietet, optimal zu nutzen.

Forscher auf dem Gebiet der Psychologie und ihren verwandten Disziplinen versuchen das Verhalten und die Reaktionen einer Person als eine soziales Wesen zu beobachten und zu definieren. Im Versuch die Denkprozesse des Geistes zu verstehen, trachten sie danach, die Dynamik der Beziehungen zwischen den Menschen zu verbessern, um diese für die Gesellschaft geeigneter zu machen.

Diese und viele andere Gebiete der Wissenschaft ähneln den verschiedenen Ästen eines Baumes. Obwohl jeder Ast sein eigenes Wachstum hat und seinen eigenen Platz einnimmt, gibt es doch nur einen Stamm, aus dem sie alle hervorgehen und es gab nur eine Saat, die in diesen großartigen Erscheinungen aufging.

Beim Studium aller Wissenschaften ist es die Realität vom „Selbst" des Menschen, welches ewig sucht, in Neugier forscht, mit jener nach innen gerichteten Betrachtung und Suche nach Wissen. Dies ist die Saat aller Wissenschaften. Die treibende Kraft hinter dem Streben des Menschen nach Enthüllung der versteckten Wahrheit hinter den Schleiern und nach Überwindung der von der Natur aufgezwungenen Begrenzungen, ist seine ihm innewohnende, unendliche Identität. Es ist jenes ihm eigene „Ich", das alles, vom kleinsten Teilchen bis zum Universum und somit alles zu entdeckende Wissen, sucht und erforscht. Der Ursprung und die Quelle aller

Wissenschaften, physisch oder metaphysisch, ist also das Selbst oder „Ich". Es ist kein Wunder, daß darin auch das höchste Ziel und der höchste Zweck all dieser Forschungen und wissenschaftlichen Untersuchungen liegt.

Was ist „Erfan" (Sufismus)? Es ist der Weg, dieses „wahre Selbst" zu erkennen. Es ist die Erkenntnis dieses Wesens in seiner absoluten Form, mit seinen Eigenschaften und Fähigkeiten. Das ist die Realität der Religion und die Essenz der Lehren Gottes, übermittelt von den Propheten. Das ist „Erfan"! Der Heilige Prophet Mohammad (Friede und Segen sei mit Ihm) hat im Nahj-ol Fissaha gesagt: „Wissen ist nicht im Himmel, um auf die Erde herabzusteigen, noch ist es unter der Erde, um für dich zu wachsen, aber es ist in dir verborgen."

Dadurch wird klar, daß dies der Grund für die Wichtigkeit von Sufismus in der Entwicklung und in den höchsten Errungenschaften der Wissenschaft ist. Wenn also der Mensch nicht in seiner Gesamtheit als ein absolutes Wesen, mit all seinen potentiellen Fähigkeiten in jeder Phase seiner Existenz erkannt und verstanden wird, können alle Anstrengungen, um die verborgenen Aspekte der Natur zu entdecken und zu erobern, als unzureichend und mangelhaft betrachtet werden.

Es sollte ein Verfahren wie bei einem Juwel angewendet werden. Zuerst muß man dessen wahren Wert entdecken, indem man all die Schichten von Schmutz und Verunreinigungen entfernt, und anschließend muß es so geschliffen werden, daß die Sonne von jedem Winkel aus reflektiert wird. Auf die gleiche Weise muß der Mensch seinen eigenen wahren Wert finden, seine ihm innewohnende Identität. Er muß auch alle irdischen Bindungen, die seine Seele gefangen halten, lösen, und sich von allen Unreinheiten freimachen. Er muß sich aller materiellen Attribute, wie seiner Umwelt, seiner Gesellschaft, seiner Besitztümer, seiner Gedanken, seiner Bedürfnisse usw. entledigen. Nur nach der Reinigung des „Ichs" von allem anderen können wir Erkenntnis gewinnen. Dies ist der einzige Weg, die perfekte Umgebung und Umwelt für den wahren Menschen zu schaffen.

Molana Shah Maghsoud Sadegh Angha hat in seinem Buch „Die Prinzipien von Faghr und Sufismus" gesagt:

> Das menschliche Wesen kann aufgrund seiner unterschiedlichen Vollkommenheitsgrade in den physischen und metaphysischen Fähigkeiten, von der ungezähmten und tierischen Ebene seiner primitiven Vorfahren, bis zu der Ebene der Intellektuellen, Entdecker, Forscher, bis zu dem Rang der Gnostik und zu der erhabenen Stufe des Prophetentums, und bis hin zu der Stufe der Auflösung und ewiger Existenz in Gott, definiert werden. Man kann also sa-

gen, daß es der Grad und der Rang und die Stufe der eigenen individuellen Stabilität, die er erreicht hat, sind, die letztendlich das Eigentümliche jener wahren Fähigkeit auf der Ebene seiner jetzigen individuellen Begabung widerspiegeln.

Der schwerwiegendste Fehler wäre, die edle und unermeßliche Sphäre des menschlichen Wesens, wie bei anderen Geschöpfen, im Rahmen begrenzter Gedanken - physikalische Form, umgebungsbezogener Bedürfnisse und wechselnde Natur - zu klassifizieren, wo doch, sein aufsteigender und edler Rang, welcher in der Existenz festgelegt worden ist, aus verschiedenen Stufen, beginnend mit der Menschlichkeit (Insaniat), bis hin zur Göttlichkeit (Adamiat) besteht. Das Universum, wie es sich dem Menschen darstellt und nach wissenschaftlichen Maßstäben als unendlich gilt, ist das wahrgenommene Bild seiner eigenen inneren Existenz.[2]

Dies ist der Grund warum die Lehren des „Erfan" (Sufismus), die die Realität der Religion darstellen, von allen oberflächlichen Deutungen, Annahmen, Ignoranz und blindem Glauben frei sind. Unglücklicherweise scheinen diese falschen Vorstellungen die Bausteine und die treibenden

Kräfte der meisten Kirchen, Moscheen und Synagogen zu sein.

Das Wort „Erfan" bedeutet Gnosis [Erkennen]. Dieses Prinzip ist in den mathematischen, biologischen und physikalischen Wissenschaften angewandt worden, was auf eine gründliche Forschung der Realität jedes Faches hinweist. Zum Beispiel, wenn der Ausdruck „Mathematische Gnosis" gebraucht wird, bedeutet es, daß der Forscher über die gewöhnlichen Grenzen der Mathematik hinausgegangen ist und versucht deren Realität zu finden. Aber die Definition der Gnosis bezieht sich insbesondere auf religiöse Gnosis. Der Aref (Sufi) ist derjenige, der Wissen über die Realität der Religion erlangt hat. Falls es der Zweck der wissenschaftlichen Arbeit ist, die Wahrheit, die sich verbirgt, zu enthüllen und den Sinn des Lebens zu erhellen, können wir logischerweise schlußfolgern, daß Wissenschaft und Erfan (Sufismus) identisch sind.

Es ist einleuchtend, daß wenn jemand eine beträchtliche Menge an Arbeit für die Erforschung des Lebens und der Errungenschaften eines Mathematikers aufwendet, auch wenn seine Forschungen völlig genau sind, niemand diesen Forscher für einen Mathematiker halten würde. Es ist von größter Wichtigkeit, daß wir einsehen, daß dieses Prinzip auch für die metaphysischen Wissenschaften zutrifft. Selbst wenn jemand die klassischen Formen von Erfan studiert, das Leben der Sufis erforscht, und umfassende Werke bezüglich der

Philosophie, der Schriften, und des Lebensstils der Sufis schreibt, hat er selbst den Zustand der Selbsterkenntnis dennoch nicht erreicht und der Titel „Aref" würde für ihn falsch und unzutreffend sein.

Diese Analogie kann benutzt werden, um einen anderen mißverstandenen Punkt zu klären, der sonst einen eifrigen Sucher nach der Wahrheit in die Irre führen könnte. Es ist klar, daß die Wiederholung von Einsteins Gleichung zur Erklärung der Relativitätstheorie ($E = mc^2$), selbst wenn sie so oft wie möglich von jemanden aufgesagt würde ihn dennoch nicht dahin führte, den Zustand der Erkenntnis und der Entdeckung den Einstein erreichte, zu erfahren. Jemand, der lediglich die Lehren der Propheten wiederholt und die Philosophie und die Terminologie des Sufismus gebraucht, kann weder den Zustand der Erleuchtung erlangen, noch wird er Erkenntnis erfahren. Ihm würde die Weisheit und das Wissen der Sufis fehlen.

So albern und spaßig es scheint, wenn wir unsere eigene Einstellung und unser Verhalten gegenüber metaphysischen Themen beobachten, wird es dennoch ersichtlich, daß dies genau das Verhalten ist, mit dem wir uns beschäftigen. Die Leute mögen vorgeben, die Existenz, die Gnosis und den Sinn des Lebens zu kennen, aber deren Lebensstil verrät, daß sie von der Erkenntnis weit entfernt sind. Das einzige, was sie als den Zustand der „Erleuchtung" anerkennen, sind deren philosophische Argumente und undefinierte Vokabeln. „Wissen, das auf physikalischen Beobachtungen basiert, ist der größte Schleier bei der Entdeckung der Wahrheit."[3]

Ein anderer Faktor, der einen Sucher daran hindern mag, höhere Stufen der Enthüllung und Entdeckung, sowohl in metaphysischen, als auch in physikalischen Wissenschaften zu erreichen, sind die Errungenschaften und Entdeckungen anderer Leute, anstelle der eigenen und ihm innewohnenden Einsicht und Kreativität. In einem seiner Interviews sagte Albert Einstein: „Es ist beinah ein Wunder, daß die modernen Lehrmethoden, die heilige Neugierde des Forschens nicht ganz erdrosselt haben."[4]

Es ist bedauerlich, daß ein fehlendes System der Erziehung eifrige Studenten dazu drängt, die meiste Zeit mit dem Auswendiglernen und der Wiederholung der Entdeckungen großer Wissenschaftler zu verbringen. Statt dessen könnten sie dazu ermutigt werden nach ihrer eigenen Identität zu suchen und sich ihr zuwenden und ihre eigene Kreativität zu entfalten. Solange es für den Sucher nicht klar geworden ist, daß die Entdeckungen und die Lehren von hochgeschätzten Gelehrten, aus der Vergangenheit und Gegenwart, nur als Einführung benutzt werden müssen, als Sprungbrett für seine eigenen Forschungen und Untersuchungen, könnte er zu einem Schicksal verdammt sein, für immer die Arbeit und die Ideen anderer in seinem Kopf zu tragen, ahnungslos über seine eigenen Fähigkeiten. Er würde einem Wasserbrunnen ähneln, der übermäßig viel Schutt in seiner Quelle angesammelt hat. Bald wird das Wasser, das zurückgehalten und blockiert wird, stillstehen und seine Fähigkeit, Frische und Leben zu spenden, verlieren. Aus diesem Grund wird dem Suchenden ständig gesagt, daß auswendig lernen und Mit-Sich-Tragen fremder Ideologien und Enthüllungen ihn auf der Reise zur Selbsterkenntnis aufhalten und hindern werden.

Der Salek ist ein Sucher, der die verschiedenen Phasen auf seiner Reise durchläuft, um die Wahrheit zu entdecken. Von Reue getrieben kehrt er vom Pfad des Zwiespaltes und des Gefangenseins durch seine Wünsche, die er sich während seines Lebens zugelegt hat, zurück in den Himmel, zurück zu der Ganzheit und Einheit seiner wahren Identität. Auf dieser Reise wird jede Schicht der irdischen Bindungen entfernt und der Sucher erfährt den höchsten Zustand der Ruhe und Harmonie, in dem er dann verbleibt.

Praktischer Sufismus basiert auf wachsendem Bewußtsein; auf dem, das verwurzelt und rein in jedem Menschen ist. Philosophischer Sufismus basiert auf der Schlußfolgerung und den Begründungen des Denkens. Der Sucher, der den Sufismus praktiziert, lernt das Schwatzen seines Denkens zu kontrollieren und zu stoppen, um mentale Folgerungen, Illusionen und Einbildungen, die keinen Bezug zur Realität seines Seins haben, auszumerzen. Dies ist der einzige Weg Realität, so wie sie wirklich existiert, zu erfahren.

Philosophischer Sufismus benutzt Sinneswahrnehmungen, Denkprozesse und mentale Folgerungen. Er ist daher auf die relativen Vergleiche der Dinge beschränkt, ein Vorgang, der weit vom Absoluten entfernt ist. Da die Realität sich jenseits der Reichweite von begrenzten Sinneswahrnehmungen, Vergleichen und konventionellen Übereinstimmungen, die wir in unserem Geist schaffen, befindet, wird dem Sucher nachdrücklich gesagt, daß er sich auf seiner Reise konzentrieren und meditieren sollte, um damit die Sinne zu kontrollieren und um den Wanderungen seiner Gedanken Einhalt zu gebieten.

Wie zuvor erwähnt wurde, bildet den Ursprung und die Grundlage der Wissenschaft die suchende Seele, das kreative „Selbst", welches durch die Begrenzungen des Denkens hindurchbricht und über die sozialen und kulturellen Normen hinausgeht, um das Unbekannte zu entdecken. Sufismus ist die Erkenntnis dieser suchenden Seele und des schöpferischen Selbst. Sufismus ist die Essenz der Religion und die Realität der Lehren der Propheten. Er basiert weder auf Interpretationen, noch auf blindem Glauben. Die wahre Bedeutung der Wissenschaft ist die Entdeckung der Wahrheit und die wirkliche Anwendung aller schöpferischen Kräfte innerhalb des Menschen über das hinaus, was durch andere interpretiert wird.

Daher scheint es offensichtlich, daß man, um einen allumfassenden Erfolg zu haben, Wissenschaft und Sufismus gemeinsam anwenden muß. Der Sucher, der auf die Suche nach Wahrheit aufgebrochen ist und danach trachtet, deren Realität zu erfahren, ähnelt einem Vogel, der zwei Flügel benötigt, die Wissenschaft und den Sufismus, die in Harmonie und Stabilität arbeiten, um das Fliegen im Königreich des „Selbst" zu erfahren.

Somit ist es klar, daß die Erkundung und die Erkenntnis der Wahrheit, die Abkehr von der Ebene der Philosophie und der Wörter, welche die Domäne des Verstehens ausmachen, in den Zustand der Wahrheit, welche die Domäne der Enthüllungen ist, erfordert. So wie Gott im Heiligen Qur´an, „Alles wird vergehen, nur sein Antlitz nicht" (28:88), „Folglich suche den Pfad, der zu Allah führt" (9:20).

Es ist unentbehrlich für den Forscher, das Versteckte zu enthüllen und jede Unsicherheit und jeden Zweifel zu verbannen. Der Sucher ist derjenige, der die Realität enthüllt und sich darin niederläßt. Dann wird die Wahrheit in all ihren Aspekten und Nischen enthüllt. Er wird zum Wissenden, oder wie es heißt, er wird zum Erleuchteten. So wie es im Heiligen Qur´an erklärt ist: „Wenn das Unvermeidliche Ereignis eintrifft" (56:1), „Und wahrlich das Gericht und die Gerechtigkeit werden sicherlich eintreffen" (51:6).

Es ist wahrscheinlich notwendig an dieser Stelle auf

die Bedeutung dessen, was bereits diskutiert wurde, näher einzugehen, um die Bedeutung der Worte, die folgen, zu erklären. Zum Beispiel, lassen Sie uns die Worte „begreifen“ und „Begreifen“ untersuchen. Was mit Begreifen gemeint ist, ist eine Erklärung von etwas, so wie es durch unsere Sinne wahrgenommen wird, eine Ausarbeitung ihres reflektierten Bildes, das in unserem Gehirn eingraviert wird. Relative Vergleiche zwischen diesen, durch Menschen gemachten Bildern, resultieren im Begreifen. Enthüllung basiert nicht auf konstruierten Vorstellungen und begrenzten Wahrnehmungen, daher kann man damit keine Vergleiche anstellen. Begreifen stellt eine Reihe von Aktionen und Reaktionen dar, die von der äußeren Beobachtung eines Objektes herrühren. Was immer wir auch durch die Beobachtung eines Objektes begreifen, ist etwas, das durch unsere Sinne erkennbar ist, so zum Beispiel die Sonne. Wir begegnen ihrer Aktivität, aber das ist nicht die Realität der Sonne. Wir können die Entfernung, die tatsächliche Hitze oder ihre Größe nicht erfassen. Die Werkzeuge, die der Mensch benutzt, um zu begreifen, sind seine fünf Sinne, sein Denken, sein Gedächtnis und was auch immer an symbolischen Bildern in seinem Gehirn als Ergebnis wiederholter Begegnung aufbewahrt wird.

Darüber hinaus basiert dieser Vorgang nicht auf eigener Kreativität, eigener Wahl oder eigenem Willen, er ist vielmehr das Begreifen von Dingen, so wie sie die Gesellschaft,

Familie, Tradition und Ideologien der Vergangenheit ersonnen haben.

Worte, Kommentare und die konventionellen Methoden, die wir benutzen, so nützlich sie auch sein mögen, bleiben völlig unzureichend, um die Wahrheit zu erkennen.

> „Um spirituelle Wahrheiten zu empfangen und die spirituellen Stufen zu erkennen, kann man sich nicht auf den Verstand verlassen, der in der Materie verwurzelt ist"[5]

Solange sich die Forschung auf die Oberfläche und die Schichten eines Untersuchungsgegenstandes konzentriert, werden die Ergebnisse sowohl in physikalischen als auch in metaphysischen Wissenschaften unvollständig, oberflächlich und unzuverlässig bleiben. Zu wahrer Forschung gelangt man, wenn der Forscher alle Aspekte seines Untersuchungsgegenstandes untersucht, wobei nicht ein einziger Punkt oder Winkel außer acht gelassen wird.

Darum ist Wissen von jeder einzelnen Manifestation des Lebens, von der es eine unendliche Anzahl und unbegrenzte Vielfalt gibt, keine vernünftige Annäherung an die Erkenntnis der Existenz, da eine Schicht nach der anderen entfernt werden muß und es gibt immer mehr Schichten die zu entfernen sind. Es erscheint logisch, daraus zu folgern, daß um Wissen über die Existenz zu erlangen, die Menschen sich auf das Erkennen jedes Aspektes der einzigen Manifestation des Lebens, die ihnen wirklich zur Verfügung steht, nämlich das eigene „Selbst", konzentrieren sollten.

Unsere Beziehung zur äußeren Welt basiert auf unseren begrenzten sensorischen Eingängen und auf die selbst gemachten Denkprozesse. Die sensorischen Rezeptoren mit ihrer begrenzten Reichweite nehmen nur bestimmte Wellenlängen und Frequenzen auf, die in eine Reihe von Aktionspotentialen, die die Sprache des Gehirns ausmachen, umgewandelt werden. Dieser Vorgang der Umwandlung wird durch den physischen und emotionalen Zustand oder die Stimmung usw. des Beobachters beeinflußt. Dies wird anschließend im Gehirn gespeichert und basiert auf einer Reihe von Variablen, welche in einer Wahrnehmung, die nur eine eigene Erfindung ist, resultiert. Diese Illusion ist weit entfernt von der Realität jenes Objektes. Das ist der Grund dafür, daß wenn man einen Apfel in zwei Hälften schneidet und die eine Hälfte einer Person und die andere Hälfte einer anderen gibt, könnte die erste ihren Teil als sauer beschreiben, während die andere meint, der Apfel sei süß. Ist der Apfel nun süß oder sauer? Weder noch! Die Realität eines Apfels befindet sich im Apfel selber und ist nicht an Vergleiche gebunden. Niemand kann jene Realität erkennen, gleichgültig wie viel man über die Eigenschaften des Apfels geforscht hat.

Solange der Beobachter und das, was beobachtet wird, getrennt sind, bleibt die Realität verborgen. Wie Molana Shah Maghsoud Sadegh Angha gesagt hat: „Wir hören nicht wirklich die besondere Melodie der Dinge, sondern die Melodie, die wir hören, ist die Melodie unserer eigenen Seele."[6]

Was auch immer existiert, hat seine eigenen spezifischen Merkmale und kann nichts anderes hervorbringen oder verkörpern als sich selbst. Das Wort Wasser bezeichnet zum Beispiel bestimmte Eigenschaften, die nur im Wasser in Erscheinung treten. Die Realität, die es beinhaltet, ist von sich aus absolut, sobald es aber in einer physikalischen Form präsentiert wird und an einem bestimmten Zustand der Existenz gebunden ist, weist es eine ganz bestimmte äußere Erscheinung auf und spiegelt damit deren eigene Eigenschaften wider. Das gleiche gilt als wahr für jeden von uns. Existenz ist unendlich und absolut. Die Grundlage und die innewohnende Komponente der Existenz in jeder Kreatur, welche Form und Gestalt sie auch annehmen mag, sind die wahre Realität und das Sein, welche die Einheit und die Einzigartigkeit übertragen. Um Wissen über diese innewohnende Realität und absolute Einheit zu erlangen, kann man seine Forschungen nicht außerhalb seines Selbst konzentrieren. Aus diesem Grund wird das lenkende Gesetz, das den Pfad aller Sucher, von dem winzigsten Teilchen bis hin zu den weitreichenden Galaxien, in der Lehre des Maktab Tarighat Oveyssi

Shahmaghsoudi zum Ausdruck gebracht. Es lautet:

> Nichts außer Dunkelheit, was sich außerhalb von Dir befindet, und nichts außer Licht, was in Dir ruht.

Falls der Weg der Entdeckung auf oberflächliche Betrachtung der äußeren Objekte begrenzt ist, wird das Ergebnis weder genau sein, noch wird es die allumfassende Wahrheit bereitstellen, um die fragende Seele des Suchers zu befriedigen. Es ist wesentlich für den Sucher, die Tiefe seines eigenen "Selbst" zu erforschen, wo er durch das innere Licht erleuchtet, in den Zustand der Gnosis transzendieren und die Wahrheit des Lebens entdecken kann.

Der Forschende, der Wissen über die Realität seiner eigenen Existenz erlangt hat, hat die Religion entdeckt. Folglich gibt es keinen Zweifel und keine Bedenken mehr. Mit anderen Worten, er hat jetzt sein Leben auf die stabile Grundlage gestellt, die sein wahres „Selbst" ist und die einzig wahre Realität darstellt, die von allen Zweifeln und Bedenken frei ist.

So wie es im Heiligen Qur'an gesagt wird (2:1-3):

> Alif Lam Mim
> Dies ist ein vollkommenes Buch;
> es besteht kein Zweifel für den Frommen
> an der Richtigkeit seiner Führung.

Die an das Unsichtbare glauben,
und unerschütterlich ihr Gebet verrichten,
und spenden von dem, was Wir
ihnen zur Verfügung gestellt haben.

Das ist es, warum die Propheten und die Heiligen den Menschen beharrlich auf den Pfad der Selbsterkenntnis führen. Wie Iman Ali (Friede sei mit Ihm) gesagt hat:

Denkst du nicht, daß du ein Mikrokosmos bist?
Und in dir trägst du den Makrokosmos?
Und du bist jenes klare Buch, dessen Worte das Verborgene enthüllen?[7]

Der Heilige Prophet Mohammad (Frieden und Segen seien mit Ihm) hat gesagt:

„Wer das wahre Selbst erkennt, hat Gott erkannt."

Eine der Lehren von Sokrates, am Eingang seiner Schule eingraviert, war: „Erkenne Dich selbst". Und wie Hazrat Mit Ghotbeddin Angha gesagt hat:

„Es wurde klar, daß mein Geliebter in mir war,
Alles äußere Suchen war nichts als sinnloses Ge
rede und eine Falle."[8]

Es ist notwendig, den Menschen in seinen vielfältigen

Ebenen der Existenz zu beurteilen, da er der Brennpunkt aller Gedanken und Interaktionen ist. Grundsätzlich kann der Mensch auf zwei Ebenen beurteilt werden, der materiellen und der spirituellen:

- Die materielle Natur, in der physikalische Interaktionen mit der äußeren Welt stattfinden;
- Der physische Körper, der physiologische und mechanische Funktionen ermöglicht; und letztlich
- der feinstoffliche physische Körper, der entweder durch materielle oder spirituelle Dimensionen ernährt wird.

Die spirituelle Dimension beinhaltet den Kern des Wesens und der wahren Identität. Jeder Zustand liefert eigene unverkennbar unterschiedliche und besondere Ergebnisse, die sich voneinander unterscheiden. Um den Menschen zu kennen, sollte man ihn in all diesen Dimensionen und Ebenen studieren. Imam Ja´far Sadegh (Frieden sei mit ihm) hat gesagt:

> Die Manifestation des Menschen ist Gottes größter Beweis für seine Geschöpfe, da er ein Buch ist, welches durch Gottes Weisheit geschaffen worden ist; die Essenz aller existierenden Dinge, der direkte, ge-

rade Pfad zu allem, was gut ist, und die Brücke, die zwischen Himmel und Hölle geschlagen wurde.

Um der Klarheit willen, lassen sie uns einen Kometen als Metapher für den Menschen benutzen. Seine wahre Identität ist sein glühender Kern, welcher der Quelle seiner Schöpfung ähnelt. Dies ist der Himmel, den die Propheten versprochen haben. Die Schichten nahe dem Kern enthalten verschiedene Stufen des Lichts. Die äußere Schicht ist dunkel und steht in krassem Gegensatz zum Kern. Dies ist die materielle Natur, die als Hölle bezeichnet wird. Die Hölle ist der instabile Teil des Menschen, der ständigem Wechsel unterliegt, gefüllt mit Forderungen und Wünschen, die nie zufriedengestellt werden. Jemand, der sein Leben damit verbringt, diese instabile, materielle Natur zu bilden und zu pflegen, der verbringt seine Tage in Dunkelheit und Unwissenheit. Er wird nicht vom Licht des Wissens, das in ihm liegt, Nutzen ziehen; und von seinem ihm innewohnenden unendlichen Ozean von potentiellen Fähigkeiten und Möglichkeiten wird er nur so viel wie ein Tropfen profitieren.

Die Realität der Religion ist eine Einladung zu der Reise von außen nach innen, ein Emporsteigen von den Stufen des Zwiespaltes und der Disharmonie in den Zustand der bindungslosen Einheit, von der Dunkelheit der Unwissenheit in das Licht des Wissens, von der Hölle in den Himmel. Je mehr ein Mensch in den verschiedenen Schichten und Stufen verharrt, die seine begrenzte materielle Form von seinem unendlichen, absoluten Sein trennen, um so schwieriger ist es für ihn, frei und losgelöst zu sein und fähig aufzustehen, um seine Reise zu vollenden.

Aus diesem Grund wird der Sucher daran erinnert, all seine Energien im Innern zu sammeln und es standhaft zu vermeiden, seine Energie an die äußere Welt zu verschwenden. Wenn wir das Muster vom Wachstum eines Kindes mit großer Aufmerksamkeit verfolgen, wird deutlich, daß zur Zeit der Geburt und für eine Zeit danach, das Kind gezwungen wird, Energie aufzuwenden, um eine relative Übereinstimmung mit der Welt um sich herum aufzubauen. Dieser Aufwand an Energie durch die Sinne erlaubt ihm, einen Koordinationssinn zu entwickeln und eine relative Anpassung an die äußere Welt zu erreichen. Ein Mensch, sei es aus Gewohnheit oder um eine völlige Anpassung zu erreichen, lebt ständig in seiner äußeren Welt und ist durch seine Wünsche und Begierden gebunden. Er versucht ständig sich an seine Umgebung anzupassen. Ein neues Ziel, ein neuer Weg, ein neues Image in seiner äußeren Umgebung, zieht ihn an und er täuscht sich in der Annahme, das Erreichen des neuen Objektes seiner Begierde würde ihm Glück und Ruhe bringen. Das ist die übliche Erfahrung.

Menschen setzen sich ein Ziel, das auf sozialen Normen, dem persönlichen Rang oder persönlicher Befriedigung basiert und sie geben sich alle Mühe und verausgaben alle Energie, um es zu erreichen, aber sobald sie es erreicht haben, ist die Befriedigung nur von kurzer Dauer und die Suche nach Glück geht weiter. Das ist so, weil wir versuchen uns der Umgebung anzupassen, die sich immer im Wechsel befindet und somit instabil ist. Sobald wir ein Ziel erreicht haben, hat sich unsere materialistische, instabile Natur schon in eine andere Stimmung versetzt, die durch die äußere Welt festgelegt wird. Folglich, was immer auch an Energie verbraucht wird bei dem Versuch Stabilität, Gelassenheit und absolutes Glück auf der Grundlage der instabilen Welt aufzubauen, ist nutzlos. Wie kann man inmitten all dieser Veränderungsprozesse Zufriedenheit erlangen? Ein Beispiel, welches diesen Zustand der Instabilität verdeutlichen mag, ist das, von einem großen Behälter mit Wasser. Wenn mehrere Abflüsse existieren, ist das Wasser bald ausgelaufen. Das Wasser läuft ziellos aus und falls keine Kanäle vorhanden sind, um es zu leiten, wird es bald von der Erde aufgesaugt und der Nutzen von all diesem Reichtum ist gering. Bald ist die Quelle versiegt und das Wasser wurde verschwendet. Die Lösung ist, einen Damm zu errichten. Das gleiche gilt für den Menschen. Religion ist die Bedienungsanleitung für den Bau eines spirituellen Dammes, um somit die Verwüstung, Aufspaltung und allmählichen Verbrauch unserer Energien und unserer inneren Stärke durch die irdischen Bedingungen und äußeren Abhängigkeiten zu verhindern. So wie der Bau eines Dammes die Verschwendung des Wassers verhindert, kann die ständige Kontrolle unserer fünf Sinne, die korrekte Ausübung von Konzentration und Meditation sowie das Erlernen alle Energien so zu lenken, daß unsere Ressourcen auf eine konzentrierte Weise genutzt werden, um so die Verschwendung unserer wertvollen Zeit und unserer Fähigkeiten zu verhindern. „Und er liebt jene, die sich rein und sauber halten." (Heiliger Qur´an 2:222)

Die Konzentration der Energien und der inneren Stärke auf einen Brennpunkt, ist die Praxis der wahren Wissenschaftler zu allen Zeiten gewesen und resultiert in deren verschiedenen Entdeckungen. Wahre Wissenschaftler und Gelehrte waren sich bewußt, daß es weder die einfache Tatsache eines fallenden Apfels, noch Newtons Augen waren, die dieses Ereignis beobachteten, damit die Erkenntnis des Gravitationsgesetzes möglich war. Es war vielmehr die Konzentration all seiner Energien und Denkprozesse auf einen Punkt und die momentane Versetzung seines wahren „Selbst" mit dessen unendlicher Weisheit, die seinen inneren Blick für das Gravitationsgesetz öffneten. In jenem Augenblick als er im Zustand seines wahren „Selbst" ruhte, hat ein einfacher Vorgang mit seiner begrenzten Erscheinung es dem „Selbst" von Newton erlaubt, das großartige und unbegrenzte Gesetz hinter oberflächlichen Erscheinungen versteckt, zu erfahren und zu erkennen. Wenn es bloß das Ereignis eines vom Baum fallenden Apfels wäre, oder eine andere Manifestation der Natur, die zu der Kenntnis der Gesetze der Existenz der Natur führten, würden viele andere, die diese oder ähnliche Ereignisse sehen, ebenfalls die Gesetze der Natur entdecken. Wie wir alle wissen, ist dies nicht der Fall. Sich auf die Wahrnehmungen der Sinne zu verlassen, führt niemanden auf den Pfad der Entdeckung und der Erkenntnis. Die Augen sehen, haben aber keine wirkliche Sicht, die Ohren hören, haben aber kein wirkliches Gehör. So wie Jesus sagte, „Wer Ohren hat, der höre".

> Was immer man äußerlich sieht und sich innerlich vorstellt, ist Illusion,
>
> Was immer durch das Herz bezeugt wird und äußerlich beobachtet wird, ist wahr.

Ein sehr bedeutsamer Teil der Lehren des Sufismus, ist die Reinigung. Es ist offensichtlich, daß ein Luftballon, beladen mit Säcken voller Sand, an die Erde gebunden bleibt und nicht in der Lage wäre aufzusteigen, um in den Himmel zu fliegen, so wie es gedacht ist. Eine Person, die an die Welt durch Wünsche, Eifersucht, Wut, Haß und andere zelluläre Triebe gebunden ist, kann nicht die bindungslose Welt innerhalb seines Selbst erfahren. Die Entfernung und Trennung von all diesen Bindungen und die Reinigung der eigenen Identität von Unreinheiten, resultiert im Freisein von der dichten, groben physikalischen Existenz, so daß man das Königreich der spirituellen Existenz betreten mag - den Zustand der Gelassenheit und des Überlebens.

Aus diesem Grund sagt der Heilige Prophet des Islam:

> Sage: „Ich bin nichts außer ein Mensch wie du selbst, aber zu mir kam die Eingebung, daß dein Gott ein Gott ist: Wer immer auch erwartet seinem Herrn zu begegnen, laß ihn Rechtschaffenes tun und in der Anbetung seines Herrn, solle er keinen anderen Partner anerkennen.[9]

Man könnte sich fragen, warum gibt es keine Offenbarung und keine metaphysische Inspiration für mich? Warum habe ich meine metaphysische Existenz nicht erfahren und die Tiefe meines Seins erkannt? Die Antwort wurde in dem obigen Abschnitt aus dem Heiligen Qur'an gegeben. „Willst Du dasselbe erfahren? Dann...... handle rechtschaffen." Lõse deine Bindungen zu dieser Welt, gebe all deine Zugehörigkeiten, deine Lasten und Erwerbungen auf und sei frei von allem anderen außer Ihm, so daß du niemand anderen in der Anbetung deines Herrn anerkennen mögest, „... erkenne niemand anderen als Partner an."

Die Auster kann die kostbare Perle, die in ihr liegt, nur dann zeigen, nachdem man durch die Schale hindurchgebrochen ist. Der zarte Sämling sproßt aus dem Samen hervor, erst nachdem die hölzerne, äußere Schicht gespalten ist. Ähnlich verhält es sich mit den Schichten der physikalischen Zugehörigkeiten, zellulären Wünsche und materiellen Anhäufungen, sie müssen abgelöst werden, damit das innere Wissen sich kundtun und in seiner unendlichen Kapazität wachsen kann.

Eines der grundlegenden Prinzipien in den Lehren von Maktab Tarighat Oveyssi Shahmaghsoudi ist das Zentrum des eigenen Seins, welches der Empfänger göttlicher Enthüllungen und metaphysischer Inspiration ist. Wir haben von den unterschiedlichen Formen der Konzentration gehört. Manche konzentrieren sich auf den Bereich ihres Nabels, während andere sich auf einen Punkt außerhalb ihres Selbst konzentrieren, oder auf die Wiederholung von Wörtern bzw. Phrasen. Obwohl unterschiedliche vorübergehende Ergebnisse in jeder dieser Praktiken auch erreicht werden können, ist dennoch keine von ihnen unbegrenzt und beständig. Es gleicht der Anhäufung von Vermögen und dessen Aufbewahrung in einem Sack, der Löcher hat; schon lange bevor alles angehäuft werden konnte, war es wieder zerstreut. Egal ob es der Nabel, die Gehirnzellen, die visuelle Konzentration auf einen

Punkt an der Wand oder die Wiederholung von Wörtern und Phrasen sind, dies alles ist begrenzt und leer an Spiritualität. Man sollte sich auf das Zentrum des eigenen Seins konzentrieren, dies führt in das Erblühen des metaphysischen Seins und die Enthüllung der unendlichen und absoluten Existenz.

Dieses Zentrum wird die Quelle des Lebens genannt. Es liegt im Herzen und wird als Grundlage für alle spirituellen Erfahrungen, Enthüllungen und Interaktionen der Existenz angesehen. Dieser Brennpunkt enthält das unbegrenzte, schrankenlose Wissen des Menschen. Seine Funktion zeigt sich in der dritten Woche der embryonalen Entwicklung. Vor dieser Phase besteht das Leben in rein zellulärer Form, aus einer Masse von undifferenzierten Zellen, genannt Blastula. In der dritten Schwangerschaftswoche, schlägt der erste elektrische Puls. Von diesem Lebensknoten aus wird das Leben in die zukünftige menschliche Gestalt gebracht. Daraufhin werden das Herz, das Gehirn und die anderen Organe geformt. Dieser erste Puls, und jeder weitere Puls danach, befindet sich in Harmonie mit der Existenz. Stellen Sie sich eine Lampe vor, die mit der Stromquelle durch die Steckdose verbunden ist. Solange die Verbindung ungestört ist, bietet sie die Elektrizität in ihrer eigenen Form dar. Jedes Mal, wenn die Lampe aus dieser unbegrenzten, ungebundenen Elektrizität Nutzen ziehen will, muß sie an die Steckdose angeschlossen werden. Für den Menschen ist die Quelle des Lebens jener Punkt der Verbindung, jene Steckdose. Dieser Punkt ist immer in Harmonie und Verbindung mit der Existenz, und der physische Körper und seine Funktionen sind von dieser harmonischen Verbindung abhängig. Die Quelle des Lebens ist dazu bestimmt, nicht nur auf der physiologischen Ebene, sondern auch auf der metaphysischen Ebene Leben zu geben. Die Erhebung des Menschen auf seine spirituellen Ebenen, was die Propheten als den Himmel oder als das Königreich bezeichnet haben, geschieht durch diesen Punkt - die Quelle des Lebens.

Die Essenz in den Lehren der Islamischen Schule des Sufismus besagt: „Sollte die Bedeutung der Dinge einem Menschen offenbart werden und die Entdeckung gelingen, die Realität der Wesen und der Ereignisse wie sie sind zu erfahren, so muß diese Wahrheit von innen heraus entdeckt werden." Das bedeutet, daß sie innerlich erkannt und erfahren werden müssen. Vielleicht kann so der Mensch, der existiert und von der Existenz nicht getrennt ist, die weite und unbegrenzte Existenz innerhalb seines eigenen Seins entdecken. Wenn der Mensch die Realität seines eigenen Seins entdeckt, kann er alle anderen Sachen auch einfach erkennen. Im Heiligen Qur´an (4:59) wird gesagt: „Oh, du, der glaubt! Gehorche deinem Gott und gehorche dem Apostel und denjenigen unter euch, die mit Autorität versehen worden sind." In diesem Vers wird die Totalität, die Quelle aller

Ausströmungen - Gott, der Schöpfer, hervorgehoben. Zum Beispiel ist die Sonne die Ursache und die Quelle der Existenz der Erde und der anderen Planeten, die ihre Nachkommen sind. Auf welche Weise und in welcher Form auch immer das Leben sich manifestiert, es folgt den Gesetzen, die von der zentralen Quelle ausgehen, nämlich der Sonne. Die gleichen Gesetze beherrschen die verschiedenen entwicklungsgeschichtlichen Stufen der Lebensformen, so wie sie sich auf der Erde manifestieren, vom einfachen Teilchen bis hin zum menschlichen Wesen. Solange jedes Wesen diesen Gesetzen folgt, ist es in der Lage seine Entwicklungsreise zur Vollendung fortzusetzen.

Der obige Heilige Vers weist darauf hin, daß Gott die Quelle aller Ausströmungen ist und der Heilige Prophet ist derjenige, der die Fähigkeit besitzt, Enthüllung - ohne die Einmischung eines persönlichen Willens - von der zentralen Quelle zu empfangen. Der Mond zum Beispiel, der am Himmel zu sehen ist, reflektiert das Licht, er ist aber nicht die Quelle des Lichtes. Der Grund, warum er leuchtet ist, daß er innerhalb des Strahlungsfeldes der Sonne liegt und den Gesetzen, die ihn beherrschen unterworfen ist. Falls er von seiner Bahn abkommen würde, wäre er nicht der Mond, den wir kennen. Die Existenz aller Dinge ist abhängig von einer zentralen Quelle. Der Heilige Prophet und seine Nachfolger sind wie der Mond, ihr Sein befindet sich in totaler Ergebenheit zu Gott und den Gesetzen Gottes. Mit anderen Worten, so wie der Mond sichtbar ist und leuchtet und der Sonne verbunden und ergeben ist, verkündet der Prophet auf die gleiche Weise das Licht Gottes. Die Betonung des Propheten auf Freiheit und auf Losgelöstheit von Bindungen beruht auf seiner persönlichen Überzeugung und Erfahrung der totalen Auflösung im Allmächtigen Gott - der zentralen Quelle von allem, was existiert. Erst die Rückkehr zum Ursprung befähigt den Menschen, die himmlischen Dimensionen kennenzulernen und kundzutun.

In den Lehren des Islam im allgemeinen und des Sufismus im besonderen ist wesentlich, daß die allumfassende und weitreichende Quelle der Existenz, welche alles, das in vielfältigen Formen und Stufen existiert, geschaffen hat. Alles, was man sieht ist in einer zentralen Quelle verwurzelt, genannt Begabung, die unendlich und im Überfluß vorhanden ist. Wenn Sie den Buchstaben „Alif" (ا) des arabischen Alphabets betrachten, werden Sie sehen, daß er von einem Punkt ausgeht. Der „alif" repräsentiert die verschiedenen Stufen jenes Punktes von wo aus der „alif" begann. Der „alif" hat keine Ähnlichkeit mit dem Punkt, jedoch alle seine Manifestationen sind in dem Punkt verwurzelt.

Der Entwicklungsvorgang der Saat ist ein gutes Beispiel dafür, Einsicht in dieses Thema zu bekommen. Ein Samenkorn, das die Fähigkeit zum Wachstum besitzt, wird in fruchtbare Erde gelegt. Dieser Vorgang ist an sich die Ankündigung einer Reise, die stattfinden soll. Mit anderen Worten, die Saat hat es unvermeidlich akzeptiert, einen Entwicklungsvorgang zu durchlaufen. Jede Stufe der verschiedenen Phasen des Wachstums - Wurzeln, Stamm, Äste, Blätter, Blüten und Frucht - ist mit dem Wissen innerhalb der Saat verwurzelt, obwohl keine Ähnlichkeit mehr mit der Saat besteht. Jede Phase zeigt uns zwei Gesetze; das erste ist die Reichhaltigkeit und das zweite ist die Fähigkeit die Gesetze, die sie beherrschen zu akzeptieren und zu offenbaren. Folglich hätte in keiner Phase etwas stattfinden können, wenn es nicht jenen zentralen Punkt gäbe, von wo aus alles hervorgegangen ist. Jeder einzelne Punkt in jeder Phase des Wachstums ist eine Verlängerung der Saat oder der Wurzel und enthält die gleichen Eigenschaften. Es macht keinen Unterschied, welchen Punkt wir betrachten, denn jede Manifestation ist eine Reflektion jenes sich ausdehnenden, innewohnenden Befehls, der in ihr verborgen ist. Nichts kann in diesen Punkten des Wachstums stattfinden außer dem, was in ihrer inneren Natur liegt. Sollte die Verbindung an irgendeinem Punkt während dieses Vorganges unterbrochen werden, würde der Lebenslauf enden.

Um diesen Vorgang weiter zu erklären, ziehen wir eine senkrechte und eine horizontale Linie, die sich überschneiden. Der Punkt der Überschneidung kann als der Ort, wo die Saat in die Erde eingepflanzt wird, betrachtet werden. Der Wachstumsvorgang unterhalb und oberhalb des zentralen Punktes entlang dieser Längsachse ist in diesem zentralen Punkt verankert, an dem der Wachstumsvorgang - Wurzel und Stamm - begonnen hat. Jeder Punkt entlang dieser Achse enthält in sich alle Attribute, die sich in den übrigen Phasen des Wachstums entwickeln. Daher kann sich nichts, außer dem was in der Saat ist, an einem anderen Punkt des Wachstums manifestieren. Die Ursache für alle Manifestationen, die wir sehen, ist die Lebenskraft (Befehl, Schöpfer), die unsichtbar ist innerhalb der Saat und alle Phasen des Wachstums steuert. Wenn sie ihrem inneren Gesetz folgt und in der Lage ist, ihre Wachstumsphasen zu durchlaufen, dann können wir sagen, daß sie eins und in Harmonie ist mit ihrem eigenen inneren „Befehl" oder „Schöpfer", der ihr immanent ist. Der Wille eines jeden Punktes des Wachstums ist eins mit dem Willen des zentralen Punktes, des „Befehls" oder des „Schöpfers". Wenn Sie sich diesen Wachstumsvorgang auf der Längsachse wie ich ihn beschrieben habe, vorstellen, nimmt er die Form von „Alif Lam Mim" (الٓمٓ) an.

Lassen Sie uns noch einmal die folgenden Verse aus dem Heiligen Qur´an betrachten:

Alif Lam Mim
Dies ist das Buch;
In seiner Führung sicher und ohne Zweifel,
Für diejenigen, die Gott fürchten;
Die an das Unsichtbare glauben,
im Gebet standhaft sind,
Und spenden von dem was Wir
ihnen zur Verfügung gestellt haben.

Wenn wir die obigen Verse genau betrachten, sehen wir, daß sie das gleiche Gesetz erklären - nämlich daß der versteckte Kern aller Lebensformen das „Unsichtbare" ist, welches durch keine physikalischen Experimente nachgewiesen werden kann, aber durch die Manifestationen erkennbar wird. Wenn der Mensch seinem inneren „Befehl" oder dem „Schöpfer" folgt, wird er in der Lage sein, das Wissen, das in ihm selber verborgen ist, zu manifestieren. Der Mensch ist ein Buch, dessen Wissen erst dann erkannt werden kann, wenn er in Harmonie mit den Gesetzen lebt, die sein Sein beherrschen und er diesen ergeben ist. Er muß aufstehen (ghiyam), sich anstrengen und rechtschaffene Taten vollbringen, bis sein ganzes Wesen von dem Wissen, das seinem Sein innewohnt, erfüllt ist.

Das Wissen innerhalb des eigenen Selbst kann sich während der physischen Lebensreise oder auf anderen Ebenen manifestieren. Die Fähigkeit des Menschen für die Manifestation dieses Wissens ist unendlich. Was den Menschen daran hindert, seine Göttlichkeit zu erkennen, sind die Bindungen an das irdische Verlangen und seine Wünsche. Das Leben ist absolut und der Mensch ist fähig, das „Absolute" in sich aufleuchten zu lassen, vorausgesetzt er ist in Gleichgewicht und Harmonie mit der Quelle des Lebens, die sein Wesen beherrscht. Wenn der Mensch im Zustand des Gleichgewichtes ist, manifestiert er das Leben und seine Handlungen sind im göttlichen Befehl verwurzelt und können daher nichts anderes als rechtschaffen sein. Wenn er im Zustand des fleischlichen Selbst ist, manifestiert er die Natur und er wird den Gesetzen der Natur - Assimilation, Absorption und Dispersion - unterworfen sein.

Wenn der Heilige Prophet sagt: „la ilaha ill´Allah" (لَآ إِلٰهَ إِلَّا اللّٰه), dann kündigt das „la" (لَا) die Negation des Selbst an, welches in seinem Wesen ewige Existenz bedeutet. Es ist in der Tat das Durchbrechen der Begrenzung, um in die unbegrenzte Existenz zu gelangen. Wenn der Mensch in einer Begrenzung lebt, welche seine natürliche Existenz oder „Mim" (م) ist, dann vollzieht sich seine Lebensreise innerhalb der Grenzen der Natur. Er hat zwar die Fähigkeit für die Transzendenz in spirituelle Bereiche, aber er lebt sein Leben nur im Bereich der Natur. Wenn seine Existenz auf „la" begründet ist, von „la" aufsteigt (ghiyam) und alle irdischen

Bindungen negiert, verkündet er das Leben in seiner absoluten Form. Die Selbstauflösung ist die Essenz der Ergebenheit und durch sie ist er in der Lage, seine ewige Existenz zu manifestieren.

Die Realität von „Allah" (ألله) ist auf die Auflösung bezogen. Wenn der Heilige Prophet Mohammad (Frieden und Segen seien mit ihm) sagt „Allah", dann weist dies auf seinen eigenen Zustand der Auflösung in der absoluten Existenz hin und daher bedeuten seine Worte Führung. Amir al-Mo´menin Ali (Friede sei mit ihm) war dem Heiligen Propheten nah, sowohl physisch als auch spirituell und was auch immer der Heilige Prophet sagte, Amir al-Mo´menin hat es erfahren und es wurde zur Realität für ihn, was darauf hinweist, daß es eine physische und spirituelle Harmonie gab, die der Tiefe der zentralen Quelle von Amir al-Mo´menin´s Existenz entsprang.

Das Gesetz des Islam ist „la ilaha ill´Allah". Wenn jede Ebene des Menschen von der zentralen Quelle ausgeht, die das Lebensprinzip ist, bedeutet dies einen Zustand des Aufstiegs für ihn. Da sind sieben alifs innerhalb des Wortes „la ilaha ill´Allah" , wobei jedes eine unterschiedliche Stufe in der Schöpfung des Menschen repräsentiert. Um durch diese sieben Stufen zu gelangen, muß er ständig in einem Zustand der Reue sein, was totales Bewußtsein oder Hinkehr zu der eigenen Zentralität oder qiblah bedeutet. Wenn der Mensch die sieben Stufen seines Seins durchlebt, dann erreicht er seine Göttlichkeit, so wie er „als Bild Gottes" geschaffen wurde. Wenn der Körper, die Worte und das Herz auf die Quelle des Lebens konzentriert und darauf gegründet sind, dann reflektieren alle Handlungen den Zustand der Hingabe. So wie es im Heiligen Qur´an (11:114) gesagt ist: „Männer, die weder Geschäfte noch der Handel von der Erinnerung an Gott abbringen kann". „Alle (die himmlischen Körper) gleiten dahin, jeder auf seiner runden Bahn". (Der Heilige Qur´an 24:37)

Deswegen ist es in den Lehren des Sufismus notwendig, daß jede Person die Reise zu der Quelle des Lebens macht, um die Realität ihres Seins zu entdecken und ihren Platz in diesem ausgedehnten Universum zu finden.

In dem Buch „Die Prinzipien von Faghr und Sufismus", hat Molana Shah Maghsoud gesagt:

> Die praktische (auf Erfahrung basierende) und die auf Denken gestützte richtungsweisende Entwicklung des Menschen muß letztendlich zu einer Methode und zu einem Weg führen, so daß er durch Standhaftigkeit bei der Sammlung seiner mentalen Kräfte und Energien in die Lage kommt, sich zu einem stabilen und erfahrbaren Punkt zu führen, von wo er die Realität der ihn umgebenden Objekte, Umstände und Ereignisse zu durchschauen vermag. Das bedeutet, daß er solch einen Blick und solch ein allum-

fassendes Wissen entwickelt, daß ihm nichts innerhalb der Reichweite seines Wissens unbekannt bleibt. Gott, lasse mich bitte die Realität der Dinge, so wie sie sind, durchschauen.

Daher wird das Erkennen dieser Methode der Entdeckung, die höchst notwendig und gleichzeitig die direkteste Methode der Erkenntnis ist, in der erhabenen Schule des Wissens vom Selbst, als das unvermeidliche Ziel für einen Sucher angesehen. Meiner Meinung nach, hat die Quelle des Lebens im Herzen, der Befehlshaber und die Grundlage für die Lebensaktivitäten und die mechanischen Aspekte und die Existenz des Menschen, eine feinere und tiefere Verantwortung - nämlich die Hindernisse und Begrenzungen aufzuheben, die durch Denken entstanden sind und die Entdeckung dessen, was jenseits des Universums ist. Diese Methode sollte ein spezielles Kapitel im wissenschaftlicher Buch der Welt aufschlagen. Obwohl das Wissen dieser zentralen Quelle und die Stufen der Erkenntnis dem Buch des Menschen innewohnend und alt sind, sind sie dennoch nicht das Thema der Untersuchung und Erkenntnis, mit Ausnahme für die erhabenen Seelen, derer nur wenige sind.[10]

Die Betrachtung der Ergebnisse und die Präsentationen durch die begrenzten Wahrnehmungen der Sinne und die imaginären Folgerungen des Denkens, werden nicht die Essenz des Seins hervorbringen. Nur das Herz und der spirituelle Brennpunkt können die bindungslose Existenz enthüllen. Durch Konzentration und das Erkennen all der unendlichen Fähigkeiten der Quelle des Lebens, kann man die Absolutheit des Universums entdecken. Im Sufismus ist der Brennpunkt das Herz und seine Reinigung durch die sieben Stufen bringt die Erleuchtung und Bereicherung der Seele. Das Herz ähnelt einem Spiegel, der das Licht der Wahrheit widerspiegeln kann, wenn er vom äußeren Staub, der ihn bedeckt, gereinigt ist. So wie der Heilige Prophet Mohammad (Frieden und Segen seien mit ihm) gesagt hat: „Wissen wird nicht durch Studium erlangt, sondern es ist ein Licht, das Gott im Herzen desjenigen, den Er will scheinen läßt."[11]

Um die Realität zu erkennen, besitzt der Mensch diese Essenz der Existenz, die feinste Schöpfung und die Reflektion des Absoluten - Fähigkeiten und Instrumente, so unbegrenzt wie die Schöpfung selbst. Auf der erhobenen, reinen Ebene der Erleuchtung kann er alle Bestrebungen und Herrlichkeiten der Existenz betrachten und bezeugen. Er muß sich von allen Begrenzungen der Sinne befreien. Basierend auf der Tatsache, daß in der physikalischen Forschung und in Experimenten sensorische Wahrnehmungen unzuverlässig und die Genauigkeit der eingebildeten Folgerungen des Gehirns fragwürdig sind, ist es ganz klar, daß in der Metaphysik die Sinne und die Gehirnzellen keine brauchbaren Resultate erbringen.

Im Buch „Die Prinzipien von Faghr und Sufismus" sagt Hazrat Shah Maghsoud:

> Die Begrenzung der Sinne und die Imagination auf der einen Seite, isoliertes Denken und sensorische Hindernisse auf der anderen Seite, haben den Menschen dazu geführt, von seinem menschlich und himmlisch erhobenen Rang herabzusteigen und ihn davon abgehalten, den Zustand der Beständigkeit seiner wahren Persönlichkeit in der absoluten Ewigkeit zu erreichen und natürliche Wünsche und Neigungen traten an die Stelle seiner gnostischen und erhabenen Taten der Hingabe. Die unermeßliche Begabung, die der Architekt seiner Erkenntnis und seiner Persönlichkeit sein sollte, sinkt beim Abzielen auf die sensorischen Erwartungen und unlogischen Wahrnehmungen, in die Wüste seines tierischen

Verlangens und seiner materiellen Wünsche. Die Lenkung der Begabung in seine wahre und konstruktive Richtung, ist die Reise der Persönlichkeit im Beschreiten des Pfades der Karawane der Märtyrer, derer, welche die Existenz lieben und derjenigen, die immer die verdursteten Seele zum endgültigen Zweck und zum höchsten Ziel geführt haben. [12]

Um die höchste Ebene des Wissens zu erreichen, welches die Essenz der Existenz erkennt und die eigene Realität erfährt, wird klar, daß oberflächliche Beobachtungen und begrenzte sensorische Wahrnehmungen, wegen ihres begrenzten Potentials, kein angemessener Weg sind, um die Essenz des Wissens zu erforschen.

Der Sufismus betont folglich die Konzentration aller Kräfte und Energien im Herzen. Harmonie liegt in der Reue und Reinigung von irdischen Gewohnheiten und Bindungen, die den Menschen von seinem Selbst trennen. Wenn diese Harmonie mit der Existenz in allen physikalischen und metaphysischen Ebenen erreicht ist, brechen die imaginären Hindernisse zusammen, die durch das Denken entstanden sind. Der Mensch manifestiert sich dann in dem unbegrenzten Horizont der Existenz und sieht deren Einheit. Nur dann wird er die Bedeutung von „la ilaha illa´Allah" erkennen - es gibt keinen Gott außer Gott. Wissen in seiner wahren Bedeutung ist die Auflösung des Zeugen im Bezeugten und die Erkenntnis des Unbegrenzten, nachdem die Hindernisse der Begrenzung aufgehoben sind und sich die wahre Essenz manifestiert hat. Der Nebel kann seine Identität nur dann finden, wenn er sich verdichtet und in seiner ursprünglichen Form, als Tröpfchen, wiedererscheint. Nachdem er zu einem Tropfen kondensiert ist, braucht er immer noch den führenden Wind, um von ihm in den Ozean getragen zu werden. In dem Augenblick, in dem der Tropfen sich mit dem Ozean verbindet, löst er die Begrenzung der physikalischen Erscheinung und all die Kräfte der Natur, die seine winzige und begrenzte Form verursachen, auf. Er löst sich auf in der absoluten Realität seines Selbst, welches Wasser ist und wird ungebunden und unendlich wie ein Ozean. Ebenso ist es für den Suchenden notwendig, die Stufen der Reise vom Begrenzten zum Unbegrenzten zu durchlaufen, damit er seine eigene Realität erkennen kann.

Da alle Anstrengungen der Wissenschaftler zu allen Zeiten dazu dienten, den Zustand der Menschheit zu verbessern, was könnte dann fruchtbarer sein als die Erkenntnis des Menschen durch sich selbst? Nur nachdem der Mensch seine unendliche Weisheit erreicht und seine schrankenlosen Kapazitäten und seine wahren Potentiale erkennt, kann er von höchstem Nutzen für sich selbst und für andere sein.

Anhang

Stammbaum des Maktab Tarighat Oveyssi Shahmaghsoudi

Prophet Mohammad

Imam Ali

Hazrat Oveys Gharani

Hazrat Salman Farsi

Hazrat Habib-ibn Salim Ra'i

Hazrat Soltan Ebrahim Adham

Hazrat Abu Ali Shaqiq al Balkhi

Hazrat Sheikh Abu Torab Nakhshabi

Hazrat Sheikh Abi Amr al-Istakhri

Hazrat Abu Ja'far Hazza

Hazrat Sheikh Kabir Abu Abdollah Mohammad-ibn Khafif Shirazi

Hazrat Sheikh Hossein Akkar

Hazrat Sheikh Morshed Abu-Isshaq Shahriar Kazerouni

Hazrat Khatib Abolfath Abdolkarim

Hazrat Ali-ibn Haasan Basri

Hazrat Serajeddin Abolfath Mahmoud-ibn Mahmoudi Sabouni Beyzavi

Hazrat Sheikh Abu Abdollah Rouzbehan Baghli Shirazi

Hazrat Sheikh Najmeddin Tamat-al Kobra Khivaghi

Hazrat Sheikh Ali Lala Ghaznavi

Hazrat Sheikh Ahmad Zaker Jowzeghani

Hazrat Noureddin Abdolrahman Esfarayeni

Hazrat Sheikh Alaoddowleh Semnani

Hazrat Mahmoud Mazdaghani

Hazrat Amir Seyyed Ali Hamedani

Hazrat Sheikh Ahmad Khatlani

Hazrat Seyyed Mohammad Abdollah Ghatifi al-Hasavi Nourbakhsh

Hazrat Shah Ghassem Feybakhsh

Hazrat Hossein Abarghoui Janbakhsh

Hazrat Darvish Malek Ali Joveyni

Hazrat Darvish Kamaleddin Sodeyri

Hazrat Darvish Mohammad Mozaheb Karandehi (Pir Palandouz)

Hazrat Mir Mohammad Mo'men Sodeyri Sabzevari

Hazrat Mir Mohammad Taghi Shahi Mashhadi

Hazrat Mir Mozaffar Ali

Hazrat Mir Mohammad Ali

Hazrat Seyyed Shamseddin Mohammad

Hazrat Seyyed Abdolghader Jahromi

Hazrat Jalaleddin Ali Mir Abolfazl Angha

Hazrat Mir Ghotbeddin Mohammad Angha

Hazrat Molana Shah Maghsoud Sadegh Angha

Hazrat Salaheddin Ali Nader Shah Angha

Endnoten

[1] Angha, Molana al-Moazam Hazrat Shah Maghsoud Sadegh. (1989). Morgendämmerung. Lanham: University Press of America. Seite 29

[2] Angha, Molana al-Moazam Hazrat Shah Maghsoud Sadegh. (1987). Die Prinzipien von Faghr und Sufismus. Verdugo City: M.T.O. Shahmaghsoudi Veröffentlichungen
Seite 25.

[3] Angha, Molana al-Moazam Hazrat Shah Maghsoud Sadegh. (1986). Al-Rasa´el: Das Licht der Erlösung. Lanham: University Press of America. Seite 80

[4] Von der Welt, so wie ich sie sehe; 1931

[5] Prinzipien von Faghr und Sufismus. Seite 29

[6] Angha, Molana al-Moazam Hazrat Shah Maghsoud Sadegh. (1986). Manifestation der Gedanken. Verdugo City: M.T.O Shahmaghsoudi Veröffentlichungen
Seite 56.

[7] Nahj-ol Balaghah (Die Lehren von Amir al-Mo´emenin Ali); übersetzt von Haj Seyd Ali Naghi Feyz-ol-Islam. Teheran; Entesharat Faghih, 1985. Seite 215.

[8] Angha, Molana al-Moazam Hazrat Mir Ghotbeddin Mohammad. (1986)
Vom Fötus zum Paradies. Verdugo City: M.T.O. Shahmaghsoudi Veröffentlichungen. Seite 8

[9] Nahj-ol Fissahah (Die aufgezeichneten Lehren des Propheten Mohammad): übersetzt von Abolghassem Payandeh. Teheran: Sazman Entesharat Javidan, 1980. Seite 102

[10] Prinzipien von Faghr und Sufismus. Seite 95

[11] Angha, Molana al-Moazam Hazrat Shah Maghsoud Sadegh. (1986). Al-Rasa´el: Al-Salat. Lanham: University Press of America. Seite 33

[12] Prinzipien von Faghr und Sufismus. Seite 116.